조경숙 글
경기도 광주에서 태어나 숙명여자대학교 국어국문학과를 졸업했습니다. 샘터의 엄마가 쓴 동화상, 계몽아동문학상, 동쪽나라 아동문학상, 방정환문학상을 수상했습니다. 지은 책으로는 《만길이의 봄》《나는야, 늙은 5학년》 《거울 속에 누구요?》《잠이 안 와》《그림아이》《1764 비밀의 책》《통일을 향해 슈팅!》 등이 있습니다.

한태희 그림
대학에서 응용미술을 공부한 뒤, 어린이 그림책을 위한 그림 작업을 해 오고 있습니다. 1997년 첫 번째 개인전 '동화 속으로의 여행'을 열었습니다. 쓰고 그린 책으로는 《불꽃놀이 펑펑》《대별왕 소별왕》《아름다운 모양》《봄을 찾은 할아버지》 《학교 가는 길》《도형 마법사의 놀이공원》《손바닥 동물원》《손바닥 놀이공원》《로봇 친구》《휘리리후 휘리리후》 《그림 그리는 새》《구름 놀이》 등이 있습니다.

이지수 기획
한양대학교 사학과를 졸업했으며, 어린이도서연구회, 한양대 비교역사문화연구소 어린이책 연구 모임 등에서 활동했습니다. 어린이 역사책 기획자이자 작가로서 어린이들에게 역사가 재미있고도 의미 있게 다가갈 수 있도록 노력하고 있습니다. 기획한 책으로는 '반가워요! 역사 속 인물' 시리즈, '역사 속 우리 이야기 달마루' 시리즈, '푸른숲 역사 인물 이야기' 시리즈, 《다 말해! 다마레!》 등이 있고, 쓴 책으로는 《천천히 제대로 읽는 한국사1》, 역사동화 《단비야, 조선을 적셔라》(공저)가 있습니다.

한양에서 동래까지

초판 1쇄 발행 2020년 4월 17일
초판 3쇄 발행 2021년 10월 11일

글쓴이 | 조경숙 그린이 | 한태희 기획 | 이지수
펴낸이 | 김사라 편집장 | 전혜원 디자인 | 한아름 마케팅 | 박선정
주소 | 서울특별시 영등포구 양산로23길 17 2층
전화 | (02)364-7675(내용), 362-7675(구입) 팩스 | (02)312-7675
펴낸곳 | 해와나무 출판 등록 | 2004년 2월 14일 제312-2004-000006호
사진 자료 | 국립민속박물관, 국립중앙박물관

ISBN 978-89-6268-190-1 74980
      978-89-6268-189-5 74980(세트)

ⓒ 조경숙, 한태희, 이지수 2020

• 값은 뒤표지에 있습니다.
• 책 내용의 일부 또는 전부를 인용하거나 발췌하려면 반드시 저작권자와 출판사 양측의 서면 동의를 구해야 합니다.

KC 제조자명: 해와나무 제조국명: 대한민국 제조년월: 2021년 10월 11일 대상 연령: 3세 이상
전화번호: 02-362-0938 주소: 서울특별시 영등포구 양산로23길 17 2층
*KC마크는 이 제품이 공통안전기준에 적합하였음을 의미합니다.
주의: 책의 모서리에 다치지 않게 주의하세요.

한양에서 동래까지

조경숙 글 • 한태희 그림 • 이지수 기획

해와나무

살랑살랑 봄바람을 타고 편지가 왔습니다.
지난겨울 동래부사로 부임한 아버지의 편지였습니다.

편지요!

계절이 바뀌었습니다만 아직은 날이 춥습니다.
찬 기운 쐬지 마시고 음식 조심하십시오.
가까이서 뫼시지 못하니 이런 불효가 없습니다.

네가 지금 부지런히 공부하지 않으면
세월은 쏜살같이 흘러가서
한번 가면 뒤쫓기 어렵다.
汝今不勤若做業 隙駟光陰 一去難追

급히 내려오느라 읽던 책도 두고 오고
필요한 것이 많소. 따로 적어두었으니
꼼꼼하게 챙겨주기 바라오.

아침저녁 문안하던 네 모습을
못 봐 아쉽구나. 아버지가 없는 동안
어머니 도와드리고 몸가짐에 신경 쓰거라.

그사이 장난하지 않고 독서 잘하느냐?
형의 말을 잘 듣고 따라라. 아버지가
없을 때에는 형이 곧 아버지다.

엄마가 할머니께 여쭈었습니다.
"큰애가 이참에 동래에 갔다 오면 어떨까요?"
"그거 좋겠구나."
재영이가 불쑥 끼었습니다.
"저는요? 저도 갈래요."

엄마가 재영이를 타일렀습니다.
"그 길이 얼마나 험한지 알고 하는 말이니? 자그마치 천 리 길이야.
가다가 호랑이를 만날 수도 있고 잠자리도 불편하단다."
"그래도 갈 거예요. 가게 해 주세요."
떼를 쓰고 울어도 보았지만 엄마는 꿈쩍도 하지 않았습니다.
재영이는 할머니에게 달려갔습니다.
"아버지께 안 보내주면 아무것도 먹지 않을 테에요!"
할머니는 재영이가 두 끼째 밥을 먹지 않자 서둘러 엄마를 불렀습니다.
"이번 여행길에 재영이도 보내자꾸나."

하인들은 동래에 가져갈 물건을 준비하느라 분주하게 일을 합니다.
어린 두 도련님을 모시고 가는 긴 여행길에는 많은 것들이 필요하지요.

기영이가 재영이의 이불을 여며주었습니다.
"어서 자. 내일부터는 새벽에 일어나야 해."
"왜?"
"해 떨어지면 꼼짝도 못 하니까
새벽에 출발해서 해가 지기 전까지 부지런히 가야지."
하지만 재영이는 눈이 말똥말똥했습니다.
"우리, 말 타고 가는 거지?"

먼 길
무사히 다녀오게
해 주세요.

"말도 타고, 배도 타고, 어쩌면 걸어서도 가야할 거야."
기영이의 말이 채 끝나기도 전에 재영이는 곯아떨어졌습니다.

동래부사댁 사람들이 동네 어귀까지 따라 나왔습니다.
할머니가 눈가를 훔치자 재영이도 괜히 코끝이 찡해졌습니다.
재영이 마음도 모르고 나귀는 다각다각 제 갈 길을 갔습니다.
운종가를 지나고 숭례문을 지나 한강나루에 도착했습니다.
청지기가 기영이와 재영이를 앞세웠습니다.

"어서 줄에 서십시오. 곧 배가 떠날 것입니다."
사람들과 말, 나귀가 타고 짐까지 다 싣자 배가 움직이기 시작했습니다.
"어어, 배가 흔들려. 울렁울렁해!"
재영이의 호들갑에 기영이가 의젓하게 말했습니다.
"배는 원래 그런 거야."

배는 무사히 건너편에 도착했습니다.
석양으로 하늘이 붉게 물들자 청지기가 말했습니다.
"도련님들. 해가 떨어지기 전에 숙소에 들어야 합니다.
서두르는 게 좋겠습니다."
재영이가 불쑥 말했습니다.
"왜 이렇게 말이 많아?"
청지기가 설명해 주었습니다.
"그래서 여기를 말죽거리라고 합니다요.
말에게 죽을 먹이는 거리라는 뜻이죠."

일행은 깨끗한 주막을 골라 들어갔습니다.
하인들은 솥을 내걸고 가져온 쌀로 밥을 지었습니다.
형제는 숟가락을 놓자마자 깊은 잠에 빠졌습니다.
길고 긴 하루가 그렇게 저물었습니다.

달이내고개를 넘어가면서 재영이 입이 쑥 나왔습니다.
"나도 형처럼 말 탈 거야. 이 나귀는 작고 못생겼어."
기영이가 핀잔을 주었습니다.
"억지 부리지 마. 너는 아직 작아서 안 돼!"
"아냐! 안 작아! 나도 잘 탈 수 있다고!"
재영이는 막무가내로 나귀에서 내리려 했습니다.
말구종이 재영이를 잡으려다가 나귀의 다리를 차는 바람에
한바탕 소동이 벌어졌습니다.
"너 하나 때문에 이게 무슨 난리란 말이냐?"
형에게 꾸중을 듣자 재영이가 울음을 터뜨렸습니다.
청지기는 곶감 하나를 꺼내 재영이에게 주었습니다.
재영이는 곶감을 한입 물고 눈물을 닦으며 물었습니다.
"나귀가 왜 그렇게 화가 난 거야?"
청지기가 웃었습니다.
"작고 못생겼다고 놀리니 그런 게지요."

"동래는 아직 멀었어?"
재영이의 심통을 눈치챈 청지기가 말했습니다.
"안성 시장이 가까운데 들러볼까요?"
"시장? 좋아, 좋아!"
재영이가 엉덩이를 들썩이자
나귀가 귀찮다는 듯 푸르르 콧김을 뿜었습니다.
여기서는 숯을 팔고 저기서는 유기를 팔고
포목, 과일, 말린 생선, 거울… 시장에는 없는 게 없습니다.
기영이와 재영이가 시장 구경을 하는 동안
청지기는 부지런히 장을 보았습니다.
짚신도 사고 마른반찬도 사고
며칠 새 푹 꺼진 쌀자루에 쌀도 사서 넣었습니다.

재영이는 두런두런 소리에 눈을 떴습니다.
하인들이 둘로 나뉘어 한마디씩 하고 있었습니다.
"제비가 낮게 나니 곧 비가 올 듯합니다."
"개구리 소리가 들리지 않으니 비가 올 리 없습니다."
"비가 오면 얼마나 오겠습니까?"
기영이의 말에 일행은 꾸물꾸물한 하늘을 이고
길을 나섰습니다.
어느덧 한나절을 걸었습니다.
시내를 건너려는데 재영이가 소리쳤습니다.
"어, 비 온다!"

비는 점점 더 거세지더니 폭우로 변했습니다.
"이 다리 너머에 숙소가 있다. 어서 건너자!"
서두르던 하인들이 나귀와 부딪쳤습니다.
"어! 어! 어!"
나귀가 미끄러져 넘어지며 재영이가 그만 물에 빠졌습니다.
"아이고, 도련님!"
재영이를 급히 꺼낸 후 청지기는 지도를 살펴보았습니다.
일행은 길을 돌려 근처의 민가로 갔습니다.
청지기는 주인에게 쌀과 장작값을 주고 급히 방을 얻었습니다.
그리고 환약을 꺼내 재영이에게 먹였습니다.
"이 약을 먹고 푹 쉬면 기침이 잦아들 것입니다."
재영이는 밤새 열에 들떴습니다.

짐을 말리고 재영이가 낫기를 기다리며
일행은 꼬박 이틀을 민가에서 쉬었습니다.
삼 일째 되던 날 재영이가 기지개를 쭉 켰습니다.
"빨리 아버지에게 가고 싶어."
청지기가 손뼉을 쳤습니다.
"아이고, 일정이 늦어져 걱정이었는데 잘 되었습니다."
다시 길을 나선 일행은 돌다리를 조심스럽게 건너고,
상여를 만나 예를 표하고, 향교 앞을 조용히 지나고
우물가에서 물을 얻어먹고 길가에 핀 봄꽃들도 구경했습니다.

산길로 접어들 때 청지기가 말했습니다.
"새도 날아서 넘기 힘들다는 문경 새재입니다.
각오를 단단히 하십시오."
숲이 깊어지면서 사람도 동물도 거친 숨을 내쉬었습니다.
고개 중턱쯤 되었을 때 어디선가 포졸이 나타났습니다.
"멈추시오! 기다리시오!"
"왜 그러십니까?"
"이곳은 산이 깊어 호랑이가 자주 출몰하는 곳입니다.
사람들이 많이 모인 후에 함께 고개를 넘어야 합니다."
그러고 보니 포졸 뒤로 사람들이 웅성웅성 모여 있었습니다.
"호랑이?"
재영이가 부르르 몸을 떨었습니다.

절벽 같은 산허리가 나타났습니다.
"이곳이 토끼비리라고 우리가 가는 길 중 가장 험한 길입니다."
"토끼비리?"
"네. 토끼가 지나간 곳이라는 뜻이지요."
재영이가 아는 척을 했습니다.
"토끼야 어디든 다니잖아."
청지기가 이야기하는 동안 나무 사다리 길을 지나고
절벽을 깎아 만든 길에 이르렀습니다.
"여기서부터는 위험하니 한 줄로 가야 합니다."
기영이와 재영이도 말과 나귀에서 내렸습니다.
한 사람씩 조심조심 앞으로 나아가는데
재영이는 발이 떨어지질 않았습니다.
청지기가 등을 보이며 말했습니다.
"작은 도련님. 제게 업히세요."

* 토끼비리 길

고려 태조 왕건이 견훤과 전투를 벌이기 위해 남쪽으로 내려왔어요. 이곳에 이르렀는데 길이 막혀 있었지요. 그때 마침 토끼 한 마리가 벼랑을 따라 달아나지 뭐예요? 토끼를 쫓아가다 보니 길을 낼 만한 곳을 발견하게 된 거예요. 그래서 벼랑을 잘라 길을 냈다고 해서 토끼비리라고 하는 거예요.

날이 밝은지 꽤 지났는데도
모두 숙소에서 뒹굴고만 있었습니다.
며칠 동안 험한 산길을 오르내리느라 지친 탓이었습니다.
어디선가 삐리리 삐리리 둥둥둥둥 소리가 들려왔습니다.
재영이가 물었습니다.
"이게 무슨 소리야?"
하인 하나가 재빨리 소리 나는 곳으로 달려갔다 왔습니다.
"경상감사 행렬입니다. 도련님! 행렬이 어마어마합니다."

영남루에서 내려다보는 밀양강은 잔잔했습니다.
재영이가 중얼거렸습니다.
"강물은 참 좋겠다."
기영이가 물었습니다.
"왜?"
"아무리 가도 다리가 안 아프잖아."
재영이의 말에 모두가 한마디씩 했습니다.
그때 누군가가 방귀를 뽕 뀌었습니다.
"아이코, 냄새야!"
모두가 코를 틀어막는데 청지기가
슬그머니 풀숲 사이로 사라졌습니다.

"이곳이 동래 읍성입니다!"
청지기의 말에 모두 만세를 불렀습니다.
"와!"
"작은 도련님을 보시면 영감님께서 깜짝 놀라실 것입니다."

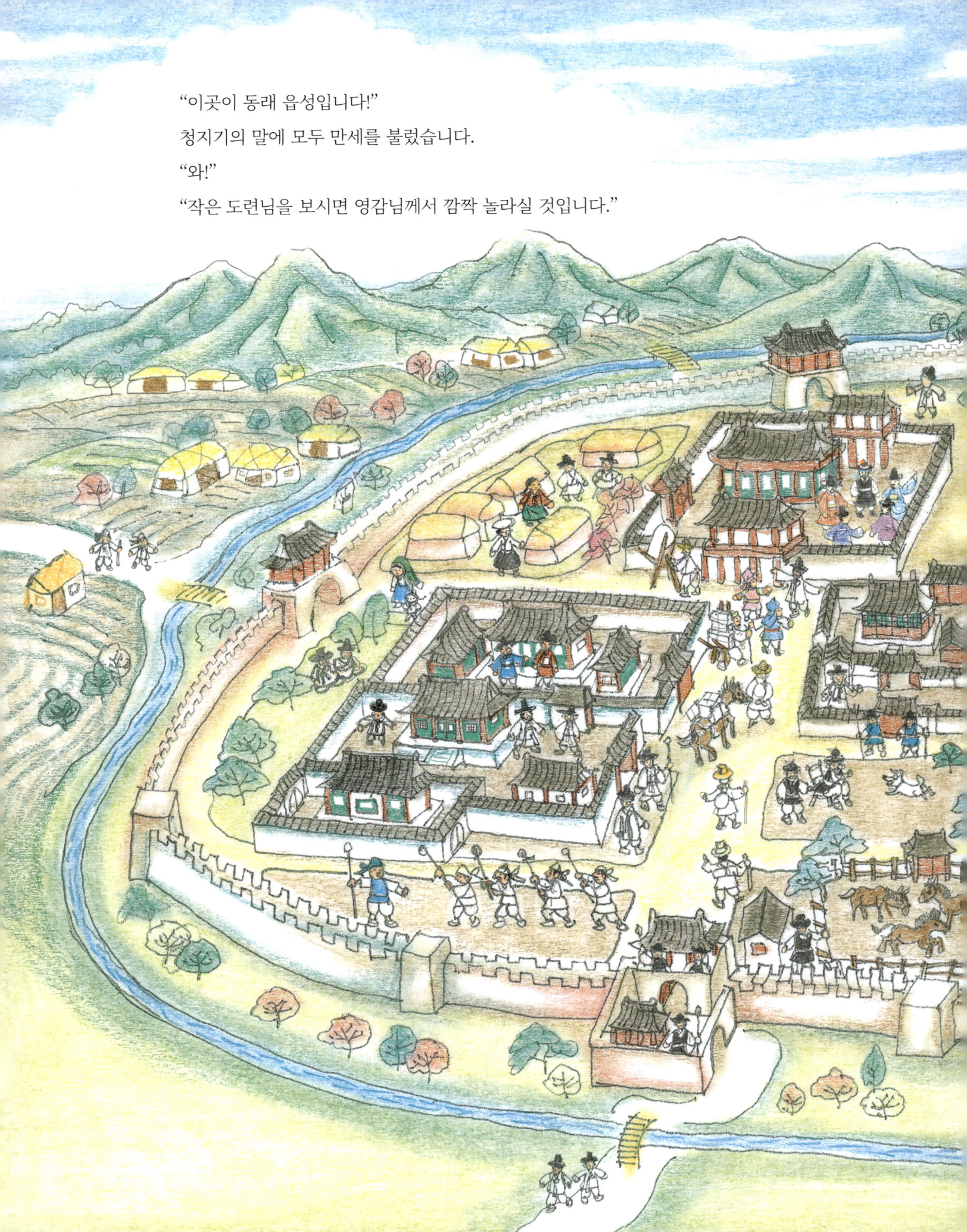

재영이 가슴이 콩닥콩닥 뛰었습니다.
한양 집을 떠나 20일이나 걸려 온 길보다
동래에서 관헌까지 가는 길이 더 멀게 느껴졌습니다.

드디어 동래 관아에 도착했습니다.
기영이와 재영이 형제는 이방의 안내를 받아
아버지가 계시는 방으로 들어갔습니다.
"아버지!"
아버지에게 달려가려는 재영이를 기영이가 붙잡았습니다.
"이잉, 왜?"
투정 부리는 재영이에게 기영이가 눈짓을 하더니 큰절을 올렸습니다.
재영이도 형을 따라 아버지께 큰절을 했습니다.
아버지가 형제를 보고 흐뭇하게 웃었습니다.
"먼 길에 고생이 많았겠구나."

조선 시대에는 어떻게 여행을 했을까?

요즘 시대의 우리에게 여행은 흔한 경험이지요. 주말이나 방학 때 간단한 짐을 챙겨 자동차, 기차, 버스, 비행기 등을 타고 목적지로 갑니다. 숙소에 짐을 풀고 관광을 하다가 맛집을 골라 식사를 하기도 하지요. 그렇다면 조선 시대 때는 어땠을까요?

관리들은 공무를 수행하기 위해 한양과 지방을 오가고, 양반들은 과거 시험을 보러 혹은 사찰이나 명승지 유람을 하고, 보부상들은 등짐, 봇짐을 지고 방방곡곡 다니기도 했지요. 먼 거리를 떠나는 옛 조상들의 여행길은 어떤 모습인지 살펴 보아요.

준비물

주막에서 침구를 제공하지 않았기 때문에 이불과 요를 갖고 다녀야 했고, 짚신, 버선, 옷가지에 자리, 갈모, 유삼(우의)도 챙겨야 했어요. 그 밖에도 수건, 대야, 거울, 빗과 지금의 비누인 비루도 가지고 갔고, 비상약과 구급책도 필요했어요. 또 야영에 대비해 돗자리, 모기장과 세면도구도 짐에 넣었어요. 벼루, 붓, 종이, 편지지, 먹 등도 잊지 않았지요. 부피도 컸지만 무게도 엄청났어요. 그래서 양반들은 짐꾼의 도움을 받았어요.

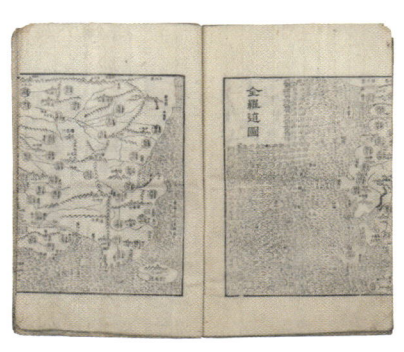
▲ 지도

▲ 휴대용 문방구함

▲ 휴대용 식기 찬합

▲ 괴나리 봇짐

 ## 탈것

조선 시대 양반의 여행길에는 '육족'이 필요하다는 말이 있어요. 말의 발 네 개와 종의 발 두 개가 필요하다는 뜻이지요. 하지만 그건 양반의 경우이고 평민들은 아무리 먼 길이라도 걸어서 가야 했습니다. 반대로 양반이나 궁궐의 사람들은 신분이나 성별에 따라 남여, 사인교, 연, 명차, 덩 등을 이용했지요.

▲ 남여

▲ 사인교

 ## 길 찾기

옛날에는 지도가 많이 보급되지 않아 길가의 장승이나 이정표가 큰 도움이 되었어요. 또한 여행객들은 거리가 표시된 노정표와 자오침이라는 나침반을 갖고 다녔지요. 그러나 가장 좋은 방법은 역시 그곳 사람들에게 직접 길을 묻는 것이었답니다.

▲ 나침반

 ## 숙박 시설

공무로 여행하는 사람들에게는 역과 원이 있었지만, 관리가 아닌 사람들은 주막을 이용했어요. 그렇지만 주막은 잠잘 수 있는 방만 있을 뿐, 다른 편의시설이 아무것도 갖춰 있지 않았고, 그나마 주막이 없는 곳도 많았습니다. 그래서 여행객들은 먹고 자는 데 필요한 모든 것들을 가지고 다닐 수밖에 없었지요. 그러다 보니 여행객들의 모습이 마치 이사 가는 사람들 같았답니다.

▲ 주막

굽이굽이 한양에서 동래까지

기영이와 재영이가 간 옛길은 영남대로라고 부르는 길로, 조선 시대 한양에서 각 지방을 연결하는 '10대 도로' 중 하나예요. 도로는 대로, 중로, 소로로 나누었는데 대로는 도로의 폭이 가장 넓은 12보 이상의 널찍한 도로였어요. 도로의 표시는 일정한 거리마다 돌무지를 쌓고 장승을 세워 사방으로 통하는 길의 거리와 지명을 기록했고, 주요 도로는 얇은 판을 깔거나 작은 돌, 모래, 황토 등으로 포장을 했어요. 1894년 갑오개혁으로 조선 시대의 교통 통신 제도가 폐지되면서 옛길의 모습은 많이 달라졌어요.

- 한양 출발!
- 한강 나루터(한강 북쪽)
- 말죽거리(서울 양재동)
- 달이내고개(성남)
- 안성
- 문경 새재
- 대구
- 밀양
- 동래 도착!

*책 속 여기저기에서 다음 그림을 찾아보세요.